*Das Eselbuch*

Heiderose und Andreas Fischer-Nagel

# Das Eselbuch

Findling Buchverlag Lüneburg

*Unseren Kindern Tamarica und Cosmea Desirée*

FINDLING
BUCHVERLAG LÜNEBURG

Lizenzausgabe für Findling Buchverlag Lüneburg GmbH, D-21339 Lüneburg
ISBN 3-937054-33-2


Fotos Seiten 12 bis 15: Dorothy Morris A.R.P.S.
Gesetzt in der Helvetica 14 Punkt
Druck: Proost NV, Turnhout, Belgien

„Du blöder Esel!“, tönt es voller Verachtung draußen auf der Straße. Da wird wohl jemand wieder etwas ganz Dummes angestellt haben! Für die meisten Menschen ist der Esel nämlich der Inbegriff der Dummheit, Bockigkeit und Störrigkeit. Deshalb muss er so oft als Schimpfwort herhalten! Wir tun dem «Langohr» aber unrecht: Er ist ein kluger, gutmütiger und anhänglicher Geselle, kuschelig und weich und nicht so Furcht erregend groß wie ein Pferd. Besonders Kindern hat es der Esel angetan. Für sie ist er ein allerliebster Spielkamerad, mit dem sie allerlei «Eseleien» treiben können, ohne dass er sie ihnen gleich krumm nimmt. Er lässt sich hätscheln und streicheln, ist «kindlich» wie sie. Bei ihm können sie ohne Angst lernen, wie man mit einem Huftier umgeht.

Esel gehören zu den ältesten Haustieren des Menschen. Vor ungefähr 6000 Jahren wurden im Unteren Niltal in Afrika aus dem dort heimischen Nubischen Wildesel zum ersten Mal Hausesel gezüchtet. Deshalb gilt er als erster Vorfahr unserer Hausesel. Vor etwa 4000 Jahren kamen Esel auch nach Europa. Besonders in den südlichen Ländern waren sie bald weit verbreitet und sehr beliebt: Man konnte auf ihnen reiten und ihnen schwerste Lasten aufladen. Mit «Eselsgeduld» leisteten sie harte Arbeit - und wurden trotzdem oft geprügelt! Ein bisschen Gras, ein bisschen Heu und Wasser: Das war der bescheidene Lohn für die gutmütigen «Schwerarbeiter». Das ist mancherorts auch heute noch so. Im Mittelalter ging es den Eseln in Frankreich, Italien und Spanien besser. Da wurden ihnen zu Ehren sogar Eselfeste gefeiert: Ein Esel hatte ja mit an der Krippe des Christkindes gestanden; auf einem Grautier floh Maria mit dem Jesuskind nach Ägypten, und später zog Jesus am Palmsonntag auf «Gottes Lieblingstier» in Jerusalem ein.
Als «Packesel» und Arbeitstiere sind Esel bei uns sehr selten geworden. Als liebenswerte Spielgenossen finden sie aber wieder vermehrt Freunde, besonders auf dem Land.

Wir haben inzwischen drei Esel, die uns viel Freude machen. Unsere «Eselzucht» begann mit einer kleinen Stute, einem weiblichen Eselchen. Und das kam so: Wir verbrachten unsere Sommerferien in Norddeutschland. Eines Tages entdeckten wir eine kleine Eselherde. Die Tiere grasten friedlich auf einer großen, hinter Bäumen und Büschen versteckten Weide. Neugierig, wie Esel sind, kamen sie auch gleich zum Zaun, um sich die fremden Zweibeiner anzusehen. Ein junger Esel begann uns zur Begrüßung mit seinem Maul ganz zart anzuknabbern. Wir waren sofort verliebt in die hübschen, wolligen Tiere mit ihren sanften Gesichtern und den lustigen, langen Ohren, die immerzu hin- und herklappten, um die lästigen Fliegen zu vertreiben. Schon lange hatten wir uns einen Esel gewünscht. Und jetzt konnten wir einfach nicht mehr widerstehen!

Es war gar nicht so einfach, unter all den gescheckten, hellgrauen, braunen und dunkelgrauen Eseln den hübschesten und liebsten für uns auszusuchen! Schließlich entdeckten wir, etwas abseits, eine kleine Stute mit gleichmäßig hellgrauem Fell *(oben)*. Über ihren Rücken lief, wie mit einem Lineal gezogen, ein schwarzer «Aalstrich». Links und rechts zog er sich bis auf die Schultern hinab und bildete so ein Kreuz. Diese schöne Eselin sollte es sein! Das hübsche «Gräulein» erhielt auch gleich einen Namen: Grisella.

Auf der großen Weide hinter unserem Haus stolzierte bisher nur ein Hahn mit seinen vier Hennen umher. Oft gesellten sich unsere Katze und unser Dackel zu ihnen. Nach Grisellas Einzug konnte man schon fast meinen, die Bremer Stadtmusikanten seien hier zu Hause! Grisella konnte es mit all unseren Tieren bestimmt nicht langweilig sein! Trotzdem erklang manchmal ein langgezogenes, klagendes *«I-ah, I-ah»* durch unser Tal. Fühlte sich Grisella vielleicht doch einsam? Wir zögerten nicht lange, als uns ein Bauer aus der Nachbarschaft im Spätherbst einen Eselhengst anbot. Toni *(rechts)* war ungefähr

so groß wie Grisella, nur sein Kopf war dicker und breiter. Sein Fell fühlte sich an wie Seide. Er schaute uns aus großen, tiefbraunen Augen ganz sanftmütig an. Es war, wie bei Grisella, «Liebe auf den ersten Blick».
Wir waren sehr gespannt, wie sich Grisella verhalten würde, wenn wir Toni zu ihr auf die Weide führten. Ob sie sich freuen würde? Zunächst waren wir sehr enttäuscht. Toni versuchte zwar immer wieder, ihre Aufmerksamkeit zu gewinnen und sie zu beschnuppern. Aber Grisella beachtete ihren neuen Gefährten überhaupt nicht und wich ihm aus. Das änderte sich sofort, als die Stute «rossig» wurde.

Vielleicht hast du schon einmal gehört, dass Katzen «rollig» werden oder Hündinnen «läufig». Rossig, rollig, läufig – das bedeutet die Bereitschaft zur Paarung mit einem männlichen Artgenossen. Bei Eselinnen ist es in der Regel alle drei Wochen der Fall. Im Frühjahr sind die «Rossen» jedoch am stärksten. Jetzt wehrte Grisella Tonis Annäherungsversuche nicht mehr ab!

Grisella war aufgeregt. Sie kaute, biss in die Luft und spuckte. Gleichzeitig lief sie rückwärts auf Toni zu. Der schrie laut und nahm erst mal Reißaus! Das Ganze wiederholte sich, bis Grisella stehen blieb. Toni richtete sich auf den Hinterbeinen auf, bestieg Grisellas Rücken und hielt sich mit den Vorderbeinen fest. Mit der Paarung wurde der Beginn eines neuen Lebens gesetzt: Nach zwölf Monaten würde ein Eselfohlen zur Welt kommen.

In der ersten Hälfte der Trächtigkeit sahen wir Grisella überhaupt nichts an. Sie war gemütlich und sanft wie immer und wanderte nun mit Toni einträchtig über die Weide. Ihr Appetit hatte aber enorm zugenommen. Nach etwa neun Monaten wurde sie zusehends runder. Sie bewegte sich schwerfällig und ruhte sich öfters aus. Ganz vorsichtig wanderte sie durchs nasse Gras und vermied besonders rutschige Stellen auf der Weide. Am liebsten hielt sie sich jetzt im Stall oder in dessen Nähe auf.

Es ist Hochsommer. Zwölf Monate sind seit der Paarung vergangen. Grisellas Euter ist jetzt dick angeschwollen. Eines Tages bemerken wir, dass es aus den zwei Zitzen tropft oder «harzt», wie man es auch nennt. Dies ist der deutliche Hinweis darauf, dass die Geburt bald stattfinden wird.

In regelmäßigen Abständen gehen wir nun hinaus und schauen nach Grisella. Obwohl es eine warme Sommernacht ist, hat Grisella für die Geburt den Stall vorgezogen. Sie steht in einer Ecke und macht ein kummervolles Gesicht. Vorsichtig befühlen wir ihren Bauch. Bewegt sich da etwas? Ist es das Fohlen, das ausschlägt? Oder hat Grisella womöglich Bauchkrämpfe – eine Kolik? Das wäre nicht nur schmerzhaft für sie, sondern vielleicht auch sehr gefährlich! Kurz danach geht es ihr aber schon wieder besser – sie knabbert sogar etwas Heu. Ungefähr zehn Minuten später geht es wieder los. Diesmal ist der Schmerz offenbar so heftig, dass sich Grisella plötzlich und unsanft ins Stroh fallen lässt. Sonst war sie in letzter Zeit doch immer so vorsichtig! Nun haben wir keinen Zweifel mehr: Endlich ist es soweit!

Die Geburtswehen haben eingesetzt. Die Bewegungen im Bauch kommen von den Muskeln, die sich zusammenziehen und entspannen, um das Fohlen aus dem Mutterleib herauszupressen.

Die meisten Säugetiere bringen ihre Jungen nachts zur Welt. Auch Grisella macht da keine Ausnahme: Es ist kurz vor vier Uhr. Die Scheide hat sich gedehnt, und eine dicke «Blase» kommt heraus. Sie sieht aus wie eine mit Wasser gefüllte Plastiktüte. Es ist die Fruchtblase, in der sich das Fohlen im Bauch der Mutter entwickelte. Nun reißt die Fruchtblase auf. Der Kopf des Fohlens und die vorgestreckten Vorderbeine sind schon zu sehen. Dann, nach weiterem Pressen, gleitet das Fohlen in seiner «Verpackung» ganz heraus und liegt im Stroh.
Die Geburt eines Lebewesens ist immer etwas Besonderes!

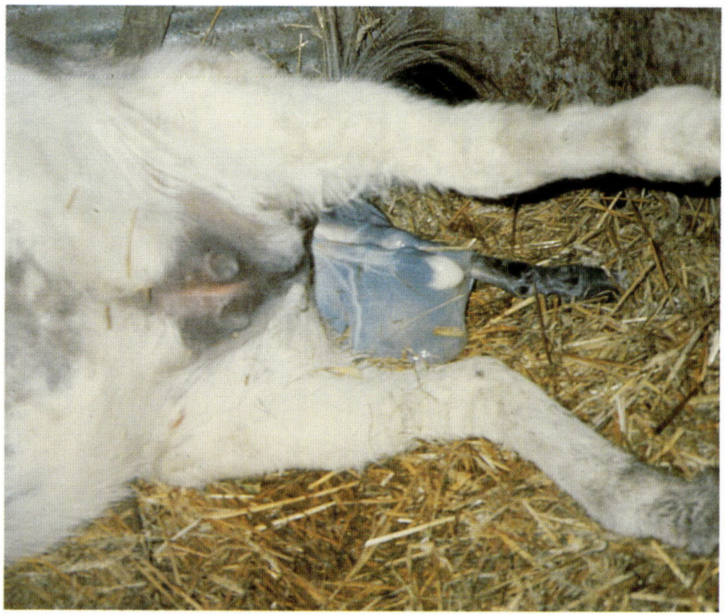

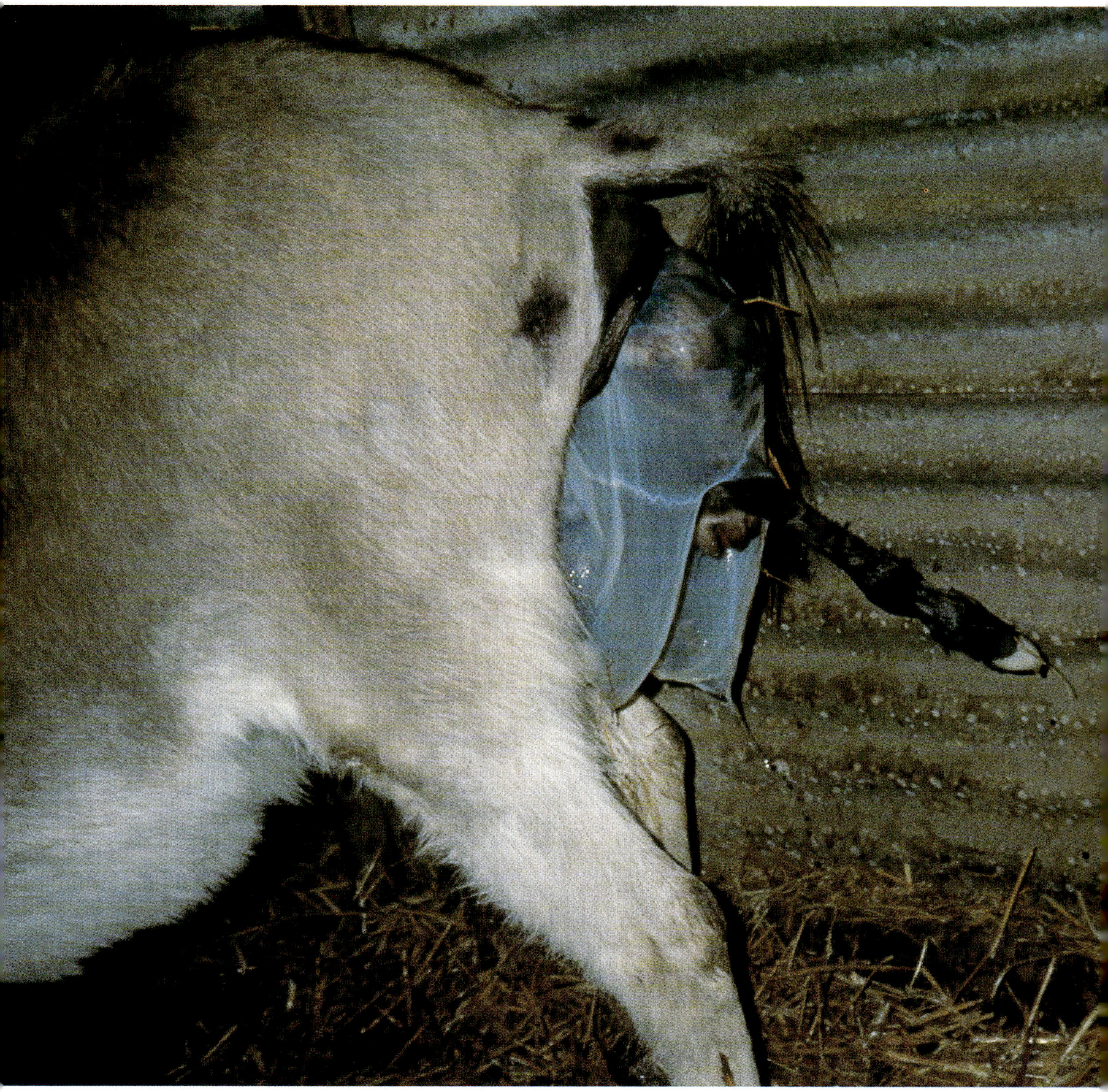

Nur knapp eine halbe Stunde hat die Geburt gedauert. Ein lauter Eselschrei tönt durch die Nacht: Toni verkündet die Ankunft eines gesunden Babys. Stolz und aufrecht, mit vor Aufregung geweiteten Nüstern, steht er bei seiner kleinen Familie.

Das Fohlen liegt nass und erschöpft im Stroh. Auch die Mutter ist von der anstrengenden Geburt sehr müde. Trotzdem steht sie jetzt auf. Dadurch reißt die Nabelschnur, durch die das Fohlen bis zur Geburt mit seiner Mutter verbunden war, und wird so abgetrennt. Das ist anders als zum Beispiel bei Katzen, wo die Mutter die Nabelschnur durchbeißen muss.
Durch die Nabelschnur hat das noch ungeborene Fohlen das Blut der Mutter bekommen, in dem die zu seinem Wachtum notwendigen Nährstoffe sowie der Sauerstoff, den die Mutter geatmet hat, enthalten waren.

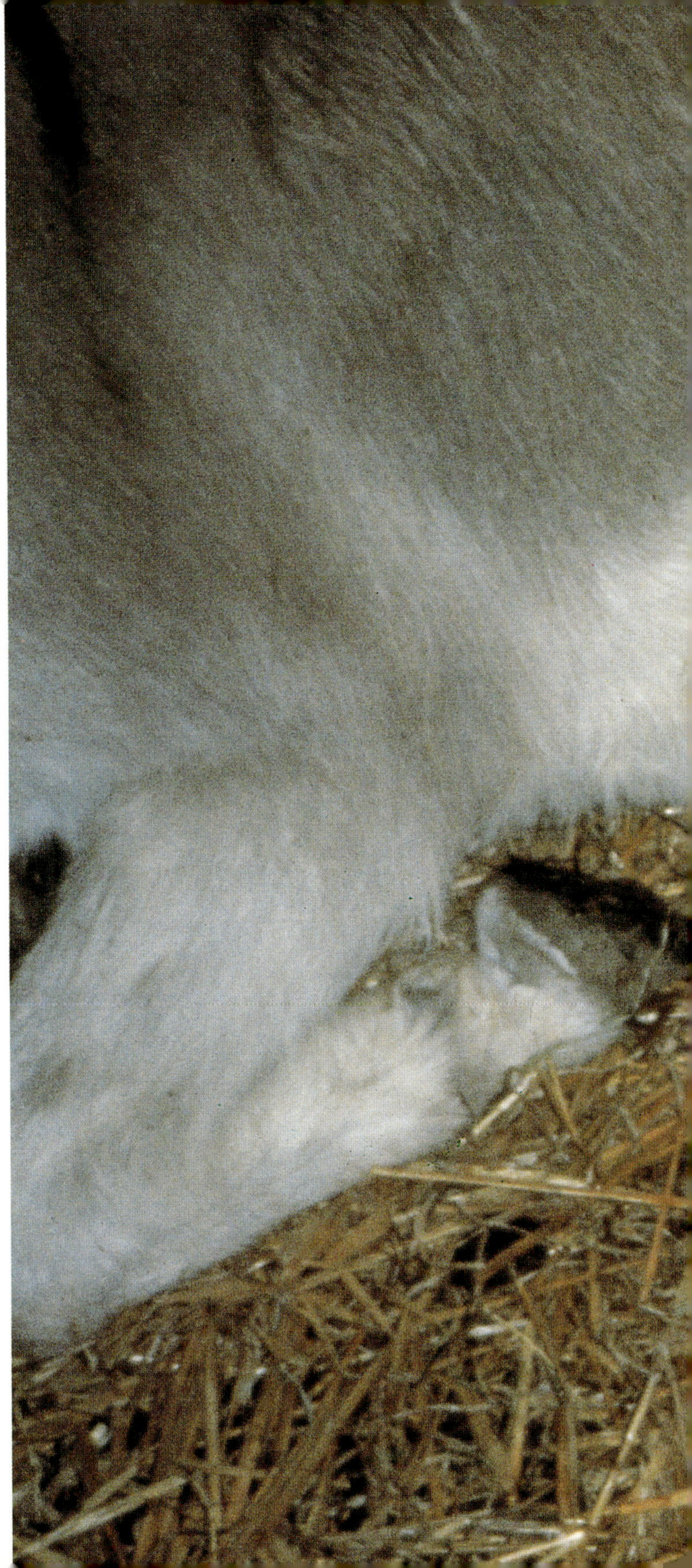

Das Neugeborene ist noch ganz zusammengedrückt und blinzelt erschrocken ins Licht der Stall-Laterne. In Mutters Bauch war es viel gemütlicher und wärmer! Nun ist es kalt und hell, und zum ersten Mal muss das Eselchen aus eigener Kraft atmen! Es nimmt die ersten Gerüche wahr, zunächst den der Mutter: Er

wird ihm in nächster Zeit zur Orientierung dienen. Aus Hunderten von Eselstuten und sogar über weite Entfernungen hinweg kann das Fohlen seine Mutter riechen und so finden. Wir strecken dem Eselchen vorsichtig die Hand hin, damit es sich auch unseren Geruch einprägt und mit uns vertraut wird. Grisella leckt ihr Fohlen sauber und trocken, damit es sich nicht erkältet. Das kleine Wesen mit den langen, zerbrechlich wirkenden Beinchen und dem niedlichen Kopf ist ein gesundes

Stutfohlen – ein «Mädchen». Momo soll das Eselchen heißen!
Seit der Geburt ist erst etwa eine Viertelstunde vergangen und schon versucht Momo auf ihre staksigen Beinchen zu kommen. Das ist aber schwierig! Momo gibt nicht auf: Noch ein Anlauf und dann steht sie – so, wie es von

Natur aus sein muss, denn Huftiere sind Fluchttiere. Sie müssen von Anfang an vor Gefahr fliehen können. Der Boden unter Momos Füßen scheint aber noch ziemlich wacklig zu sein. Zitternd steht sie da. Dann beschnuppert sie ihre warme Mutter, stupst einmal hier und einmal da in ihre Seite: Sie sucht das Euter. Wie die meisten Eselkinder findet sie nicht gleich die richtige Stelle. Endlich hat sie das Euter entdeckt. Gierig saugt sie ihre erste Milchmahlzeit.

Das sofortige Aufstehen nach der Geburt ist dem Fohlen angeboren. Es hat dieses Verhalten, das übrigens alle Huftiere haben, von seinen Vorfahren, den Wildeseln, geerbt. Draußen in der Natur muss ein neugeborenes Fohlen gleich mit der Herde weiterziehen können. Schwache bleiben zurück und müssen sterben. Das hört sich für dich sicher grausam an, ist aber von der Natur sinnvoll eingerichtet: Nur die Stärksten überleben und sorgen für gesunden Nachwuchs! Wildesel sind heute leider sehr selten geworden. Ihr Verhalten und ihre Anlagen leben aber in unseren Hauseseln fort. Die Muttermilch trägt

viel dazu bei, dass das Fohlen kräftig und widerstandsfähig ist. Sie enthält Abwehrstoffe, die es vor Krankheiten schützt.
Bei unserem Hausesel lassen wir sicherheitshalber trotzdem innerhalb von zwölf Stunden den Tierarzt kommen. Er impft das Fohlen gegen die «Fohlenlähme», eine meist tödliche Krankheit.
Der Tagesanbruch naht. Das Eselchen folgt seiner Mutter hinaus auf die Weide. Liebevoll beschnuppert Toni sein Töchterchen und lässt noch einmal ein lautes *«I-ah»* ertönen. Von nun an wird er sorgsam über seine kleine Familie wachen.

Am Morgen führt unser erster Weg zum Stall. Wir wollen sehen, ob alles in Ordnung ist und unseren Kindern endlich das neue Eselchen zeigen. Momo steht schon auf der Weide: weich und wuschelig, mit ihrem wolligen Kopffell, das aussieht wie eine Mütze über den Augen. Unsere Töchter jubeln vor Freude über das hübsche Eselbaby. Die Größere nimmt es vorsichtig in die Arme. Mutter Grisella schaut schon ein bisschen misstrauisch, was da mit ihrem Kind passiert! Willst du wissen, wie schwer das Fohlen ist? Momo wiegt vierzehn Kilogramm – etwa viermal so viel wie ein neugeborenes Menschenkind.

Und wie groß ist so ein Eselchen? Momo hat ein Stockmaß von 65 cm: So bezeichnet man die Größe des Tieres vom Boden bis zum Widerrist, jenem Punkt, an dem der gerade Rücken in den Hals übergeht. Die staksigen Beinchen machen allein 50 cm aus! Momos Mutter misst einen Meter.

Momo ist jetzt ganze acht Stunden alt, und schon tollt sie munter auf der Weide umher. Im Gegensatz zum Pferdefohlen, das in den ersten zwei Lebenswochen nur Muttermilch trinkt, fängt ein Eselchen schon am dritten Tag damit an, Grashälmchen zu rupfen und zu kauen. Und das, obwohl die Milchzähne noch winzig klein sind. Die bleibenden Zähne wachsen erst zwischen dem vierten und fünften Lebensjahr. Sie werden beim Fressen stark abgenutzt, wachsen aber ein Leben lang nach.
Momos Fell ist inzwischen nicht nur vollständig getrocknet, sondern auch seidenweich und flauschig.

Stundenlang könnten wir unseren Eseln zuschauen! Wir beobachten, wie Mutter Grisella die kleine Momo heftig hin- und herstupst. Sie treibt sie über die Wiese und rüffelt mit der Nase in Momos Bauch, dass die Ärmste fast umfällt. Manchmal wird Momo dabei sogar hoch in die Luft gehoben!

Diese scheinbare Plagerei hat einen ganz bestimmten Sinn: Bewegung ist für ein Fohlen lebenswichtig, denn nur so kann die Verdauung richtig funktionieren. Sonst könnte das Eselkind eine Kolik bekommen und müsste vielleicht daran sterben! Damit das nicht passiert, achtet Mutter Esel darauf, dass sich ihr Kind immer fleißig bewegt. Übermütig versucht Momo der Mutter zu entwischen. Sie jagt herum, bis sie müde wird und irgendwo zum Mittagsschlaf niedersinkt. Ganz ausgestreckt liegt sie im Gras und ihre zierlichen Hufe bewegen sich heftig im Schlaf. Wovon sie wohl träumt?

Esel sind umgänglicher als Pferde. Sie sind geduldig und ordnen sich dem Menschen fast bedingungslos unter. Ein Esel braucht auch nicht unbedingt einen Artgenossen, um glücklich zu sein: Hauptsache, er hat Gesellschaft!

Und wie ist das mit der sprichwörtlichen Störrigkeit? Ein gut erzogener Esel ist freundlich und gutmütig. Er macht gerne, was er einmal gelernt hat. Störrisch ist er nur aus Angst oder wenn er überfordert wird. Dann allerdings bringt ihn nichts auf der Welt vom Fleck! Er stemmt die Beine in den Boden und bockt. Pferde gehen durch, wenn sie erschreckt werden – und bringen sich dadurch oft in Lebensgefahr. Ein Esel bleibt dagegen erst einmal stocksteif stehen und wird dann vorsichtig erkunden, ob «die Luft rein» ist und ihm keine Gefahr droht.

Die Ohren des niedlichen Grauchens verraten, wie es gerade gelaunt ist. Hat es

die Ohren zurückgelegt, sollte man besser aufpassen: Vielleicht wird es einen gleich vor Übermut zwicken! Aber keine Angst: Richtig zubeißen wird es höchst selten oder nie. Ist der Kopf gesenkt, ein Ohr vielleicht aufgerichtet und das andere heruntergeklappt, döst Eselchen gerade vor sich hin. Also, bitte nicht stören! Mit der Zeit sieht man seinem Esel auch im Gesicht an, wie es mit seiner Laune bestellt ist. Er kann hinreißende Gesichter schneiden und die herrlichsten Schnuten ziehen!

Munter stapft Momo durch die Wiese. Übermütig blitzen ihre Augen, wenn sie die staksigen Beine herumwirft und in wildem Galopp davonprescht. Sie entfernt sich aber nur kurz von der Mutter. Dann läuft sie zu ihr zurück, als wollte sie sagen: „Das Leben ist lustig, komm spiel mit mir“. Und schon tollt sie wieder durchs Gras und dreht flotte Kurven.
Sie wirbelt herum, wirft die Hinterbeine in die Luft oder saust mit gesenktem Kopf bockend über die Weide. Wir staunen jedes Mal, mit welcher Sicherheit sie einem Hindernis ausweicht oder ganz plötzlich stehen bleibt, ohne ins Straucheln zu kommen. Bewegung in der frischen Luft macht hungrig! Zwischendurch muss Momo natürlich wieder ihre Milch haben und auch ein paar Gräser rupfen.
Eseleltern kennen keine Langeweile! Immerzu werden sie von ihrem Fohlen geneckt, das sogar versucht ihnen auf den Rücken zu hüpfen oder sie kräftig in die Seite zu zwicken.

Momo zählt auch uns zur Familie. Fröhlich galoppiert sie auf uns zu, knabbert frech an unseren Pullovern oder zwickt uns zärtlich in die Beine. Sie hat es faustdick hinter ihren flauschigen Ohren! Eigentlich will sie uns damit nur zeigen, dass sie uns mag und vertraut. Mit unseren Kindern schmust Momo besonders gern: Die beiden sind ja ebenso groß wie sie! Lisa, unsere Dackelhündin, erregt ihre größte Aufmerksamkeit. Beim Anblick dieses kurzbeinigen Wesens kratzt Momo sich erst verlegen mit dem Huf hinterm Ohr.

Dann geht sie neugierig auf das seltsame Felltier zu – nach Eselart ganz langsam und vorsichtig! Jetzt stehen sie Nase an Nase und beschnüffeln sich. Lisa leckt sich vor Aufregung die Schnauze, besonders als Momo ihr heftig ins Gesicht schnauft. Damit ist es dann gut: Die beiden haben Freundschaft geschlossen. Momo saust aufmunternd um Lisa herum. Und ab geht es über die Weide. Lisa flitzt hinterher, so schnell ihre krummen Beine sie tragen.

Der Aufmerksamkeit der fürsorglichen Eselmutter entgeht auch gar nichts! Mindestens einmal täglich ist große Eselwäsche, ob es Momo nun passt oder nicht. Grisella nimmt die Pflege sehr genau und leckt ihr «Riesenbaby» von Kopf bis Schweif gründlich sauber. Da muss man einfach stillstehen!

Manchmal ermuntert Grisella Momo, sich im Staub zu wälzen. Sie macht es ihrem Fohlen vor und wälzt sich genüsslich auf einer Stelle, auf der schon kein Grashalm mehr wächst. Mit heftigem Schnaufen steht sie auf. Damit ist die Körperpflege im Staubbad beendet. Momo hat aufmerksam zugesehen. Jetzt ist

sie an der Reihe. Grisella stupst ihr Kind so lange, bis es sich auch hinlegt und wälzt. Wie eingepudert sehen die beiden hinterher aus! Die Staubschicht im Fell schützt sie vor lästigen Insekten.

Höchst selten wird ein Esel im Fluss oder See ein richtiges Wasserbad nehmen. Das müssten ihm seine vertrauten Menschen erst vormachen! Von Natur aus sind Esel nämlich wasserscheu. Sie trinken deshalb auch meist nur aus Wassertrögen.

Die Zeit, in der Momo als niedliches Fohlen herumspringt, vergeht für uns viel zu schnell. Sie ist jetzt fast ein Jahr alt und schon beinahe so groß wie ihre Mutter. Ihr Fell ist aber noch immer viel flauschiger. Der frechen Eselkinderschnute fehlt noch der sanfte, gutmütige Ausdruck der Erwachsenen.
Momo entfernt sich jetzt oft von ihren Eltern und geht allein auf Entdeckungsreise. Grisella ist auch längst nicht mehr die treusorgende, immer aufmerksame Mutter. Sie stößt Momo sogar weg, wenn diese verspielt näher kommt und mit ihrer Mutter schmusen will. Früher hatten sie zärtlich die Hälse aneinander gerieben, jetzt ist es damit vorbei. Grisella erwartet ein neues Fohlen und will ihre Ruhe haben. Sie weiß ja, dass Momo selbstständig genug ist und ohne Mutter auskommt.

Wer keinen Platz für eine kleine Eselherde hat wie wir, könnte das Fohlen der Mutter jetzt ohne Schwierigkeiten wegnehmen. Momo darf aber bei uns bleiben!

Eselkinder werden oft noch viel früher von der Mutter getrennt und verkauft, nämlich schon mit vier Monaten. So lange sollten sie mindestens Muttermilch bekommen. Unsere Momo saugte noch Milch, bis sie ungefähr sechs Monate alt war.

Seit uralter Zeit tritt der Esel als schwerbeladenes Arbeitstier auf. In manchen Ländern ist er das auch heute noch:
In Spanien zum Beispiel, wo er den Karren samt dem Bauern zieht wie dieser Spanische Riesenesel. In Arabien dient der Esel als Reit- und Tragtier.

Auch in Teilen Südeuropas und Asiens nimmt man den gutmütigen Esel um ins nächste Dorf zu gelangen – und nicht den Bus oder das Auto wie bei uns!

Die Ahnen unserer Hausesel sind in ihrer Heimat nur noch sehr spärlich vertreten. Wir können sie fast nur noch im Zoo bewundern wie diese prächtigen Somali-Wildesel *(links).*

Esel und Pferde sind sehr nahe miteinander verwandt. Deshalb lassen sie sich miteinander kreuzen. Wenn ein Eselhengst sich mit einer Pferdestute paart, wird ihr Fohlen ein Maultier oder Muli *(unten links)*. Das Junge von Pferdehengst und Eselstute ist ein Maulesel *(rechts)*. Muli und Maulesel sind

unfruchtbar und können keinen Nachwuchs bekommen.
Sogar viele Erwachsene verwechseln Maultier und Maulesel und von welchen Eltern sie stammen. Vielleicht helfen dir die beiden Verse als «Eselsbrücke»:

*Aus Eselmann und Pferdefrau*
*wird es ein Maultier, ganz genau!*
*Aus Eselin und Pferdemann*
*Maulesel es nur geben kann.*

Auch das Zebra mit dem gestreiften Fell ist ein naher Verwandter von Pferd und Esel. Alle Pferdeverwandten sind Einhufer. Im Lauf ihrer langen Entwicklungsgeschichte verkümmerten die ursprünglichen Zehen. Nur die Mittelzehen, die in einem Huf enden, sind noch voll entwickelt. Die Hufe entsprechen

den Nägeln unserer Mittelfinger und Mittelzehen. Einhufer bewegen sich in drei Gangarten: im Schritt, im Trab und im Galopp. In freier Wildbahn leben sie meist in Herden. Es sind äußerst wachsame Tiere, die hervorragend hören und riechen. Bei aller Gemeinsamkeit gibt es auch Unterschiede: Zum Beispiel wird eine Pferdeherde von einem starken Hengst angeführt. Bei den Wildeseln wacht eine Stute über die Herde. Eselkinder sind früher selbstständig und wachsen schneller als Pferdekinder. Sie sind schon mit zwei Jahren so groß wie die Eltern.

Esel verdienen und brauchen viel Liebe, die wir ihnen gerne geben. Sie schenken uns dafür Vertrauen und werden für groß und klein zu guten Freunden und Gefährten. Sie widerlegen damit den schlechten Ruf, den sie bei vielen Menschen leider immer noch haben. Du weißt inzwischen, wie schlau, anhänglich und zutraulich die hübschen «Langohren» sind. Wenn wieder einmal jemand als «dummer, störrischer Esel» beschimpft wird, dann kannst du darüber nur lachen. Und auch darüber, dass sie gar noch für die «Eselsohren» verantwortlich sein sollen, die du womöglich aus Versehen ins Buch geknickt hast!